Idealização e coordenação:
Natália Maccari

A Oração

Dados Internacionais de Catalogação na Publicação (CIP)
(Câmara Brasileira do Livro, SP, Brasil)

Maccari, Natália
A oração / Natália Maccari ; [ilustrações Jota e Sany]. – 7. ed. – São Paulo : Paulinas, 2012. – (Coleção raio de luz)

Bibliografia
ISBN 978-85-356-3122-7

1. Literatura infantojuvenil 2. Orações I. Jota. II. Sany. III. Título. IV. Série.

12-04029 CDD-028.5

Índices para catálogo sistemático:
1. Literatura infantil 028.5
2. Literatura infantojuvenil 028.5

7ª edição – 2012
5ª reimpressão – 2022

Revisado conforme a nova ortografia.

Redação: *Suely Mendes Brazão*

Copidesque: *Dagoberto Bordin*

Ilustrações: *Jótah e Sany*

Projeto gráfico: *Eduardo Borges*

Paulinas
Rua Dona Inácia Uchoa, 62
04110-020 — São Paulo — SP (Brasil)
Tel.: (11) 2125-3500
http://www.paulinas.com.br
editora@paulinas.com.br
Telemarketing e SAC: 0800-7010081

Que é orar?

Orar é fazer uma oração, é rezar. E rezar é “falar” com Deus, é comunicar-se com ele.

Podemos fazer muitas orações, com diversas finalidades: para agradecer, para pedir, para louvar... Há, nas mais variadas línguas, muitos livros com orações de todos os tipos: longas ou curtas, fáceis ou difíceis, antigas ou novas.

Quando você reza, isto é, quando “fala” com Deus, ele sempre ouve o que você diz. Mas é preciso que você tenha fé em Deus, quer dizer, que você tenha confiança e esperança nele.

Jesus nos disse que Deus nos dará tudo o que lhe pedirmos.

Você se comunica com Deus

O homem foi criado por Deus. Deus é o Pai de todas as pessoas. Por isso, sentimos necessidade de nos comunicar com ele.

Se você observar a História, verá que o ser humano sempre teve necessidade de se ligar a Deus. E o homem procura Deus pela religião.

A palavra "religião" vem do verbo "religar", ou seja, "ligar outra vez". Quer dizer "acreditar na existência de um Deus criador". Ora, se os homens foram criados por Deus, deveriam sempre estar ligados a ele como filhos ao Pai. A religião seria, portanto, um meio de *religar* o homem a Deus. Ela aproxima a pessoa de Deus.

Pense nessa ideia e você poderá entender melhor o que é uma oração e o quanto é importante falar com Deus.

Responda às seguintes perguntas:

a) Como nos comunicamos com Deus?

____

____

b) Que é religião?

____

____

c) Como você define a oração?

____

____

Origens da oração

Quando teria surgido a primeira oração?

Como você já deve saber, o ser humano foi criado por Deus. A mulher e o homem são filhos de Deus.

A Bíblia nos mostra que Deus se comunicou com os homens por meio dos profetas. E nós nos comunicamos com Deus por meio da oração.

Parece, portanto, que a primeira oração surgiu com o primeiro ser humano. Ele sentiu necessidade de se aproximar de seu Pai, de "conversar" com ele. Todos nós sentimos essa mesma necessidade.

"Converse" com Deus. Você vai se sentir bem.

Ligue os pontos e veja o que Carmem ganhou de presente:

Significado da oração

Já vimos que toda oração é uma comunicação, é uma aproximação de Deus. Orar ou rezar é "falar" com Deus.

Você, quando sente necessidade de estar com Deus, de estar com o Pai, procura "conversar" com ele. E, se prestar atenção, verá que Deus nunca deixa de "responder". Só que ele não fala com palavras, mas diretamente ao seu coração. Sabe como? Você já notou que, depois de fazer uma oração, você se sente aliviado, confortado, orientado, contente? Pois esta é a resposta de Deus.

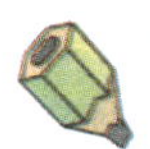

Vamos preencher o diagrama com o nome das figuras abaixo:

Por que rezar?

Por que ou para que você reza?

Em geral, as pessoas fazem orações a Deus para pedir alguma coisa: para melhorar a saúde, para resolver um problema de trabalho, para superar uma dificuldade qualquer.

Não se deve, porém, lembrar de Deus e rezar só em casos de necessidade.

Deus deve estar sempre presente em você. E seria bom que você rezasse porque o ama e para agradecer as coisas boas que você tem.

Se você reparar com atenção, verá que há muito para agradecer a Deus. Mais do que para pedir.

Associe os desenhos correspondentes às palavras:

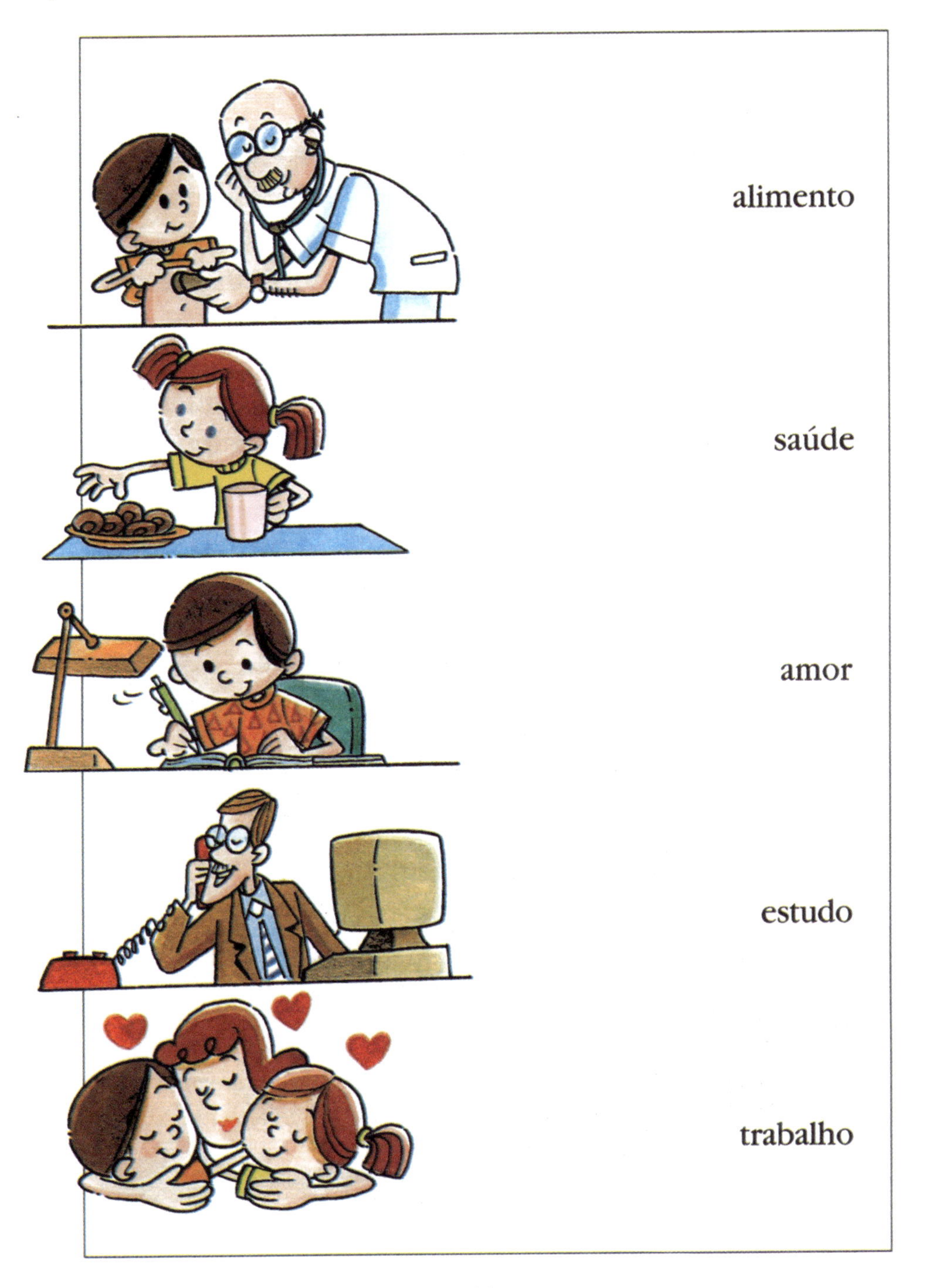

O que devemos pedir numa oração?

Sem dúvida, além de agradecer pelo que tem, você pode pedir a Deus muitas coisas ao fazer uma oração. Você pode pedir a Deus o que quiser.

É claro que Deus não o ajudará a realizar coisas más, como vencer uma briga contra um colega ou tirar uma nota boa na prova sem que você estude.

Mas você pode ter certeza de que Deus lhe dará sempre o melhor, qualquer que seja seu pedido.

Sabe então o que você sempre deve pedir ao rezar?

Que, em qualquer caso, seja feita a vontade de Deus, porque ele só quer o seu bem e o bem de toda a humanidade.

Pinte este desenho de várias cores e você terá um bonito vitral:

Como rezar?

Muita gente pensa que, para rezar, é preciso decorar longas orações. Outras pessoas acham que só se pode rezar na igreja ou diante de imagens de santos.

É claro que é bom saber orações de cor e também ir à igreja para rezar.

Mas você pode rezar em qualquer lugar e "falar" com Deus com suas próprias palavras. Faça seus agradecimentos e seus pedidos a Deus de forma bem simples. Deus o ouvirá, pois ele está em todos os lugares. Até dentro de você, em seus pensamentos e em seu coração...

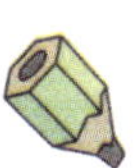

Encontre sete diferenças entre estes dois desenhos:

Quando rezar?

Não há uma hora certa para você rezar a Deus.

É bom que você se acostume a rezar logo ao acordar, antes de dormir e antes das refeições.

É muito bom também que você vá à igreja, pelo menos aos domingos, para participar da missa: Deus gosta de que você o visite em sua "casa".

Porém, sempre que você sentir necessidade, não espere uma hora certa para rezar. "Fale" com Deus a qualquer hora e em qualquer lugar. Ele estará sempre pronto para ouvi-lo.

Descubra neste caça-palavras esta frase: Rezar é se comunicar com Deus:

G	P	A	I	H	I	P	E	D	I	R	I	Z
F	J	R	E	Z	A	R	E	D	C	B	M	X
A	V	E	R	D	A	D	E	A	É	E	A	Y
P	E	D	I	D	O	S	A	C	S	D	G	B
Z	X	V	S	A	N	T	O	S	O	T	E	S
R	Q	R	E	L	I	G	I	A	O	P	N	O
N	M	P	E	N	J	A	M	E	N	T	S	C
S	E	J	I	H	U	M	A	N	O	G	F	E
D	C	B	A	C	O	M	U	N	I	C	A	R
Z	X	U	U	T	O	R	A	Ç	O	E	S	S
R	Q	C	O	M	P	O	N	C	O	L	E	G
M	C	O	R	A	Ç	A	O	L	J	I	H	G
F	E	D	C	B	D	E	U	S	P	B	E	M

A quem rezar?

"Vou fazer uma oração a santo Antônio para casar!"

"Vou rezar a são Longuinho e encontrarei o que perdi!"

"Vou pedir a santa Edwiges que me ajude a pagar a dívida!"

É muito comum ouvir pessoas dizendo que vão fazer ou já fizeram orações aos vários santos da Igreja para alcançar "milagres" ou graças.

É claro que os santos podem nos auxiliar em nossas necessidades, intercedendo por nós a Deus.

Mas quem concede graças e pode sempre nos ajudar é Deus, com sua bondade e seu perdão.

Por isso, quando você rezar, faça seus pedidos a Deus. E, depois, recomende-se ao santo de sua devoção.

Relacione, pelo sentido e conteúdo, as palavras da primeira coluna com as da segunda:

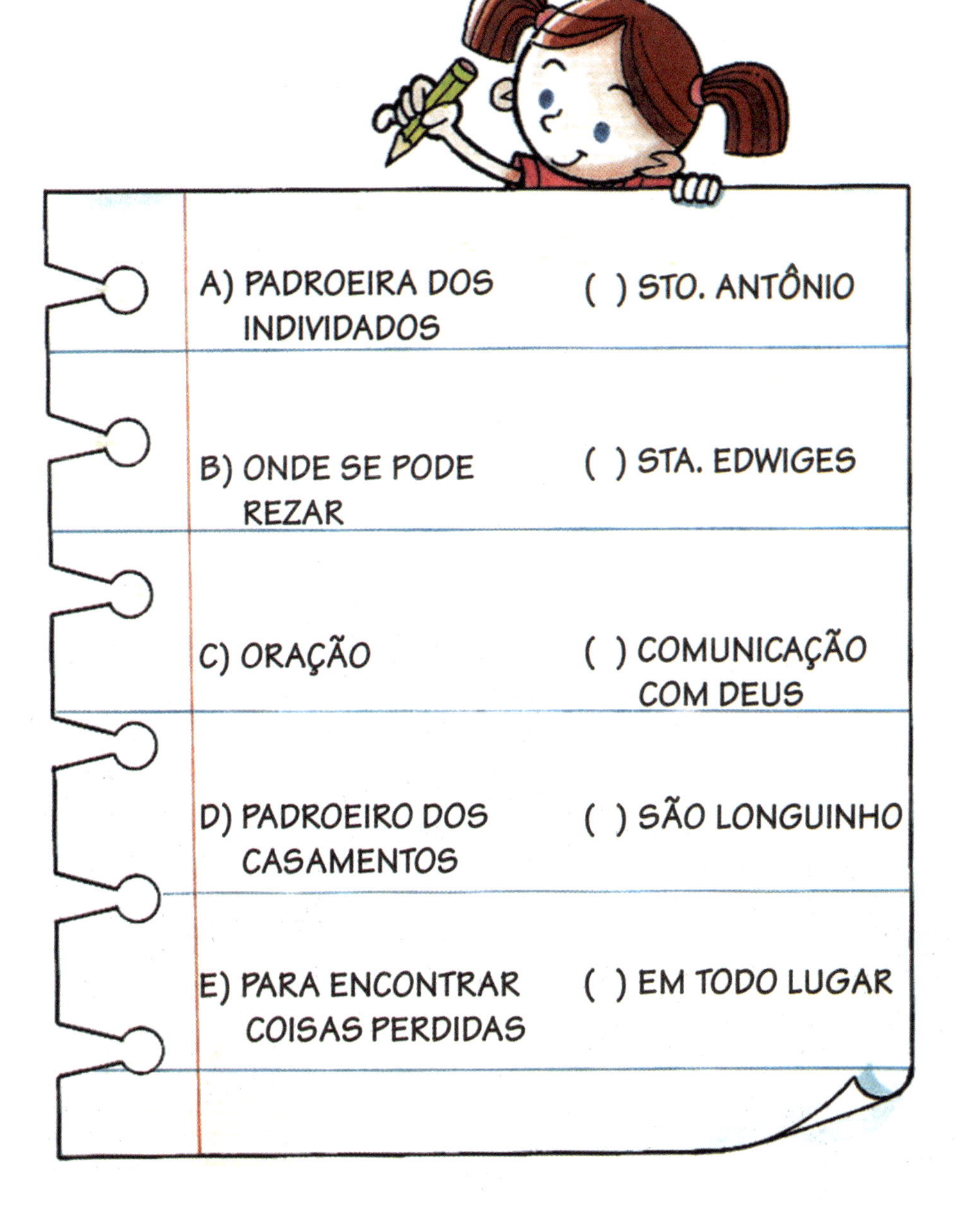

A oração de hoje

Hoje em dia, problemas de vários tipos atingem quase todas as pessoas. Faltam escolas para muitas crianças, hospitais para os doentes pobres, empregos para tanta gente que precisa trabalhar para viver.

Por isso, você deve rezar também pela sua comunidade, isto é, pelas pessoas que o rodeiam: sua família, seus vizinhos, seus amigos.

Assim, ao fazer seus agradecimentos e seus pedidos particulares a Deus, lembre-se sempre dos outros. Talvez eles estejam precisando de Deus mais do que você.

Escreva dentro desta moldura a sua oração:

Para você recordar

a) Rezar é comunicar-se com Deus.

b) Deus sempre ouve nossa oração quando temos fé, esperança e confiança nele.

c) A religião é uma forma de "religar", de aproximar o homem de Deus.

d) Todos nós temos necessidade de "conversar" com Deus.

e) Devemos rezar a Deus mais para lhe agradecer pelo que temos do que para lhe fazer pedidos.

f) Em nossas orações, devemos sempre pedir que seja feita a vontade de Deus.

g) Podemos rezar em qualquer hora e em qualquer lugar.

h) Somente Deus atende aos pedidos que fazemos em nossas orações.

i) Devemos rezar por nós, por nossas famílias e por nossa comunidade.

Papo final

Muitas vezes, você ouve falar de alguma coisa que lhe parece comum. Por isso, você não pensa muito nela.

Talvez já tenha acontecido isto com a oração. Você ouvia falar dela há tempo, sabia rezar, mas nunca tinha pensado muito em seu significado.

Agora, lendo este livro, você viu quanta coisa acontece ao fazermos uma oração e como pode ser grande o seu valor.

Antes, portanto, de rezar, veja bem o sentido e a finalidade que terão as palavras que você vai dizer a Deus.

Coleção Raio de Luz

- A Ave-Maria
- A Oração
- Anjo da Guarda
- Glória ao Pai
- O Creio
- Os frutos do Espírio Santo

Rua Dona Inácia Uchoa, 62
04110-020 – São Paulo – SP (Brasil)
Tel.: (11) 2125-3500
http://www.paulinas.com.br – editora@paulinas.com.br
Telemarketing e SAC: 0800-7010081